AF317699

M. LAINÉ ET LES LOIS D'ORDRE PUBLIC

PAR

Mis de VAREILLES-SOMMIÈRES

Doyen de la Faculté de droit à l'Université catholique de Lille

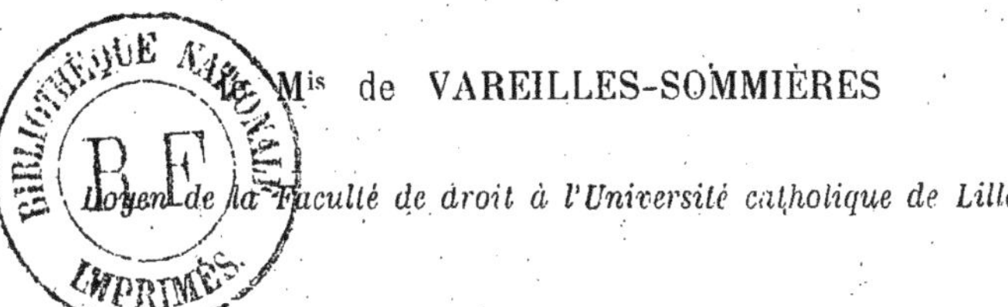

(Extrait de la *Revue de Lille* Juin-Juillet 1903).

PARIS

LIBRAIRIE COTILLON, E. PICHON, SUCCESSEUR

Libraire du Conseil d'Etat

24, rue Soufflot, 24

1904

M. LAINÉ ET LES LOIS D'ORDRE PUBLIC

1. — Dans ma *Synthèse du droit international privé* (1) et dans une brochure postérieure sur les *Lois d'ordre public et la dérogation aux lois* (2), j'ai déclaré une guerre inexpiable à la notion de lois qui seraient seules d'ordre public, à la distinction faite pour la première fois par l'article 6 du Code civil entre « les lois qui intéressent l'ordre public » et celles qui ne l'intéressent pas, docilement acceptée par tous les commentateurs du Code, transportée en droit international privé par les soi-disant rénovateurs de cette science.

2. — M. Lainé, dans le neuvième et dernier chapitre des *Observations* qu'il m'a fait l'honneur de publier sur mon enseignement (3), s'est appliqué à défendre une distinction qui est l'une des chevilles ouvrières de tous les systèmes contemporains de droit international privé et sans laquelle aucun d'eux ne peut ni fonctionner ni même se tenir debout un seul instant.

Le talent de l'éminent professeur et le crédit dont il jouit si justement ont dû rendre une apparence de valeur à ce que je regarde comme la plus obscure et la plus fausse conception qui fut jamais.

Je suis donc obligé de faire contre elle une nouvelle campagne.

3. — Je vais d'abord, pour montrer où en était la question avant les *Observations* de M. Lainé, résumer tout à la fois mon enseignement, celui qui régnait à l'École, particulièrement chez M. Lainé, et les objections du premier contre le second.

Puis j'examinerai si les *Observations* de M. Lainé ont jeté dans le débat des éléments nouveaux, s'il a réfuté mes arguments contre

(1) 2 vol. in-8°. Pichon, Paris 1897 ; ouvrage couronné par l'Académie des sciences morales et politiques.

(2 Broch. in 8°, Pichon, Paris 1899.

(3) Dans la *Revue critique*, 1899 et 1900.

les doctrines courantes, s'il a réussi à en formuler contre la mienne et quelle est leur valeur. Ou je me trompe fort, ou les lecteurs impartiaux jugeront comme moi que mon éminent contradicteur, loin d'ébranler mes thèses, les a singulièrement fortifiées, et que la notion de lois qui seraient seules d'ordre public, soit « en droit interne, » soit en droit international privé, est vraiment indéfendable.

I

4. — Jusqu'à la publication de la *Synthèse*, tous les auteurs, tous les professeurs. reconnaissaient à la vérité que la distinction entre les lois qui intéressent l'ordre public et celles qui ne l'intéressent pas.n'est pas claire et s'avouaient même incapables de donner une idée précise de ces deux sortes de lois, un criterium pour les discerner. Mais ils ne mettaient pas en doute la réalité et la valeur de la division. Ils la conservaient religieusement et lui attribuaient une grande importance scientifique et pratique.

5. — De leur impuissance à tracer nettement la ligne de partage entre les deux espèces de lois ils se prenaient à la prétendue difficulté de concevoir l'ordre public.

L'ordre public, qu'ils définissaient pourtant très exactement l'intérêt général, était présenté par eux comme une chose impossible à bien définir et dont. la notion doit rester dans l'esprit à l'état de nébuleuse, brillante et obcure tout à la fois.

6. — Or ce n'est pas la notion d'ordre public qui est obscure et indéfinissable. Elle est. d'une simplicité et d'une limpidité parfaites. Elle est aussi claire que celle de morale, que celle de justice : elle est aussi claire que celle d'intérêt particulier, son contraire.

L'ordre public, c'est en effet l'intérêt général, le bien public, le bien commun, le bien de tous, c'est-à-dire l'objet de la Société civile, le but de l'État et de toutes ses lois.

7. — Ce qui seul est obscur et indéfinissable, c'est la notion d'un groupe de lois qui seules auraient pour but de procurer l'ordre public ; c'est par contre-coup la notion d'un groupe de lois qui ne poursuivraient pas le bien commun.

Et si ces deux notions sont inintelligibles, c'est que la division qu'on essaye de faire parmi les lois est directement contraire à la nature, à l'essence, à la définition de la loi. C'est une division anti-philosophique. Que dis-je? C'est une division impossible.

La loi, par définition, poursuit le bien commun. *Lex est ordinatio rationis ad bonum commune ab eo qui curam habet communitatis promulgata.* C'est la profonde et immortelle formule de saint Thomas. Une loi qui n'est pas faite en vue de l'ordre public, c'est un non sens. Ce ne serait pas une loi, mais une mesure tyrannique, qui pourrait bien avoir à son service la force brutale mais serait dépourvue de la force obligatoire.

8. — J'avais fait sommairement cette facile démonstration dans la *Synthèse*. Je l'ai refaite avec plus de soin dans mon opuscule sur les *Lois d'ordre public et la dérogation aux lois.*

Dans ce dernier travail j'ai fait une autre démonstration : c'est que les particuliers ne peuvent déroger à aucune loi par des conventions.

Le pouvoir pour les particuliers de déroger à une loi serait, en bon français, le pouvoir pour les sujets de désobéir licitement à cette loi. Or la raison déclare que jamais les sujets ne peuvent légalement désobéir à la loi. Par définition encore, la loi oblige : donc il y a contradiction dans les termes à dire qu'une loi n'oblige pas et admet des conventions contraires.

Une convention ne peut être valable que si aucune loi ne la défend ; et si aucune loi ne la défend, comment peut-on dire que cette convention déroge à la loi?

9. — Donc l'article 6 du Code civil, qui, pris à la lettre, suppose qu'il y a des lois qui n'intéressent pas l'ordre public et qu'on peut déroger à certaines lois par des conventions particulières. est deux fois contraire à la raison et aux faits.

De ces idées fausses nous ne devons tenir aucun compte, car le législateur n'a pas le droit de nous imposer des conceptions scientifiques et surtout des conceptions anti scientifiques. Il a pouvoir sur notre conduite et non sur notre raison.

10. — L'article, il est vrai, au milieu de ses erreurs doctrinales, édicte une règle de conduite : il prohibe les conventions contraires aux lois qui intéressent l'ordre public.

Mais, loin de violer ou de restreindre cette défense, je lui fais mesure pleine et comble en disant que toutes les lois intéressent l'ordre public et qu'on ne peut donc déroger à aucune.

Il était du reste absolument inutile de formuler en termes généraux cette prohibition, car toute loi, sans aucune exception, tacite-
ment, mais évidemment et nécessairement, la contient en particulier
pour ce qui concerne ses injonctions.

11. — Il est fort probable que ce que les rédacteurs du Code ont
voulu exprimer dans ce malheureux texte, c'est tout simplement une
vérité élémentaire, qu'on trouve chez Domat et chez beaucoup d'autres auteurs, mais dont la place n'est pas non plus dans un Code :
à savoir que les sujets peuvent en principe renoncer au droit qu'une
disposition législative leur reconnaît ou leur donne, mais qu'ils ne
le peuvent pas quand une autre disposition législative, expresse ou
tacite, fondée bien entendu sur l'ordre public, c'est-à-dire portée
dans l'intérêt de tous les sujets, le leur défend.

Mais les lois qui nous reconnaissent ou nous donnent un droit
auquel nous pouvons renoncer, tout autant que celles qui nous donnent ou reconnaissent un droit auquel nous ne pouvons pas renoncer, tout autant que les lois qui nous défendent de renoncer à un
droit, sont portées pour le plus grand bien de *tous* les sujets, *ad
bonum commune*, procurent le bien public, sont fondées sur l'ordre
public.

Et renoncer à un droit qu'une loi nous reconnaît ou nous donne
mais qu'aucune loi ne nous oblige à conserver, ce n'est pas déroger
à la loi.

12. — Et il ne faut pas croire que les droits auxquels nous ne pouvons renoncer soient plus importants que ceux auxquels nous pouvons
renoncer. Le droit à une succession future n'est pas plus important
que le droit à une succession ouverte. L'action en désaveu, à laquelle
on peut renoncer, est au moins aussi importante, on en conviendra,
que le droit inamissible d'acquérir la mitoyenneté du mur voisin.

Si l'on ne peut renoncer à certains droits, ce n'est pas parce qu'ils
sont plus précieux que les autres, c'est parce que l'abdication de ces
droits aurait de fâcheuses conséquences ou parce qu'elle se ferait
dans des conditions insuffisantes de liberté et de lumière. Si l'on
peut renoncer à d'autres droits, à la plupart, ce n'est point parce
qu'ils sont de médiocre valeur, c'est parce que la renonciation, là,
n'a aucun inconvénient et se fait ordinairement en pleine connais-
sance de cause et en pleine liberté.

13. — On ne peut donc même pas dire que les lois qui nous reconnaissent ou nous donnent des droits auxquels nous ne pouvons renoncer intéressent plus fortement l'ordre public, procurent plus grandement le bien commun que les lois qui nous donnent ou nous reconnaissent des droits auxquels nous pouvons renoncer.

La loi qui arme le droit de créance, auquel nous pouvons renoncer, importe plus à l'intérêt général que la loi qui nous donne la faculté d'exiger de nos voisins le bornage, à laquelle nous ne pouvons pas renoncer.

Toutes les lois n'intéressent pas l'ordre public au même degré, mais toutes l'intéressent ; et de tous les criterium qu'on pourrait proposer pour discerner, fort inutilement, celles qui rendent les plus grands services aux citoyens, la possibilité ou l'impossibilité de renoncer aux droits qu'elles nous reconnaissent serait le plus faux.

*
* *

14. — Les auteurs modernes de droit internatioual privé ont donc été bien mal inspirés d'aller emprunter à l'article 6 C. c. la détestable expression de lois d'ordre public pour désigner les lois de l'Etat qui limitent l'application des lois étrangères reçues dans son sein.

Celles des lois étrangères qui en principe sont reçues dans le pays, celles qui par exemple sont appliquées en principe aux étrangers en France, (seules à l'heure actuelle les lois étrangères d'état et de capacité sont dans ce cas), cessent pourtant, nous dit-on, d'être applicables, lorsqu'elles sont contraires « aux lois locales d'ordre public. »

Comme toutes les lois sont d'ordre public, la formule usitée à l'école dit trop ou ne dit rien.

Elle dit trop si elle veut embrasser toutes les lois locales qui intéressent l'ordre public, car toutes les lois locales, sans aucune exception, ont ce caractère, et, à ce compte, aucune loi étrangère ne pourrait faire un seul pas dans le pays.

Elle ne dit rien, rien d'utile, rien d'intelligible, si elle veut désigner seulement certaines lois : comment deviner quelles sont les lois qu'on ne nous signale que par un caractère commun à toutes les lois ?

15. — De leurs propres habitudes de pensée et de langage les auteurs avaient vu surgir une difficulté embarrassante, qui les a obligés à chercher, pour l'introduire dans la formule, un terme restrictif.

Comme les Français ne peuvent certes pas déroger par des conventions particulières aux lois françaises d'état et de capacité, comme ces lois sont donc d'après l'article 6 des lois d'ordre public, et que pourtant elles cèdent en principe la place aux statuts personnels de l'étranger, les auteurs ont été forcés de distinguer deux catégories de lois d'ordre public : les unes sont d'ordre public seulement pour les sujets permanents, pour les Français, les autres sont d'ordre public pour tous ceux qui résident ou agissent en France, même pour les étrangers.

Il fallait bien donner des étiquettes différentes aux deux groupes de lois d'ordre public. Tirer ces noms de la nature même des deux espèces de lois, on n'y pouvait pas songer, puisqu'on s'avouait impuissant à définir les unes et les autres. C'est de leurs effets qu'on s'inspira.

16. — Beaucoup d'auteurs, M. Weis, par exemple, appellent les premières « les lois d'ordre public interne ». Ils devraient donc appeler les secondes « les lois d'ordre public externe ». Mais comme il ne s'agit là encore que de l'ordre public du pays, de la France, la qualification d'externe aurait bien la rime mais n'aurait pas la raison. Ils croient mieux dire en opposant aux lois d'ordre public interne « les lois d'ordre public international ». C'est tout aussi mauvais. La rime a disparu sans que la raison apparaisse, car c'est de l'ordre public chez une seule nation qu'il est question, c'est l'ordre public national qu'il s'agit de sauvegarder.

17. — M. Lainé a imaginé d'autres dénominations. Il appelle lois d'ordre public relatif les lois qui sont d'ordre public seulement à l'égard des Français, et lois d'ordre public absolu celles qui sont d'ordre public même à l'égard des étrangers.

On le savait depuis longtemps. Il prend soin de nous le redire dans les longues pages où, avant de critiquer mes idées, il remet les siennes en ordre et les refond quelque peu. Tel un général, avant de reprendre l'offensive, reforme ses troupes désorganisées par une attaque imprévue.

18. — Ces appellations ne sont pas plus satisfaisantes que les précédentes et que toutes celles qu'on pourrait proposer. Comment, en effet, trouver des noms convenables pour exprimer des notions impossibles, pour désigner des choses qui n'existent pas?

D'abord, les appellations créées par M. Lainé, comme celles qu'a adoptées M. Weiss, supposent qu'il y a non seulement deux catégories de lois d'ordre public, mais, ce qui est encore plus troublant, deux ordres publics, dans le même pays, au même moment. Il n'y a pas à dire, les locutions de M. Lainé affirment la dualité de l'ordre public. L'un est relatif, l'autre est absolu ; l'un s'impose seulement aux Français, l'autre s'impose même aux étrangers.

Qu'est-ce que peut être un ordre public relatif? S'il est relatif, il n'est donc pas public, car public veut dire commun à tous? Qu'est-ce que le bien commun qui n'est pas commun? Et comment pour la même communauté, le bien commun peut-il être double, l'intérêt général peut-il avoir deux exemplaires différents?

N'essayons pas de comprendre ; c'est impossible.

19. — Il est croyable qu'ici la pensée de M. Lainé est desservie par les expressions qu'il emploie. Ce qui augmente cette probabilité, c'est que dans ses *Observations* on lit ceci : « Les lois d'ordre public sont d'ordre public à deux degrés. » D'où il semble résulter que l'ordre public est unique, mais que les lois qui l'intéressent peuvent l'intéresser à deux degrés différents.

Si telle est la pensée de M. Lainé, s'il admet non pas deux *ordres publics,* mais seulement deux espèces de lois d'ordre public, je lui suggère généreusement le moyen de mettre ses locutions d'accord avec sa conception : c'est d'appliquer aux lois les deux épithètes qu'il a appliquées à l'ordre public, c'est d'opposer aux lois *relatives* d'ordre public les lois *absolues* d'ordre public. S'il le préfère, des adverbes peuvent être substitués aux adjectifs : il pourrait dire qu'il y a des lois d'ordre public qui le sont *relativement* et d'autres qui le sont *absolument.*

20. — Ce serait un peu moins déconcertant, mais ce ne serait pas encore clair et ce serait encore en contradiction formelle non seulement avec les réalités, mais avec l'enseignement même de M. Lainé.

En effet, d'abord M. Lainé nous dit catégoriquement, dans ses *Observations,* que les lois d'ordre public absolu ou mieux les lois absolues d'ordre public empêchent bien l'application des lois étrangères mais ne s'appliquent pas, à leur place, aux étrangers. Donc les lois absolues d'ordre public ne sont pas absolues; ou si M. Lainé le préfère, l'ordre public absolu n'est pas absolu; il y a des degrés encore dans l'ordre public absolu; tout n'est pas absolu dans l'ordre public absolu.

Et de plus M. Lainé classe parmi les lois qui s'opposent à l'application des lois étrangères, bien plus, parmi les lois qui s'appliquent aux étrangers et qui par conséquent sont d'ordre public absolu au suprême degré, une foule de lois auxquelles « on peut déroger par des conventions particulières » et qui donc ne sont pas « d'ordre public interne ». Ainsi toutes les lois qui constituent le régime de la propriété, les statuts réels, sont rangés par tous les auteurs de droit international privé et par M. Lainé lui-même parmi les lois qui s'opposent à l'application des lois étrangères, même des lois étrangères d'état et de capacité. Or on peut déroger à la plupart des statuts réels, c'est-à-dire, en bonne langue juridique, on peut renoncer aux droits qu'ils nous confèrent, par exemple au droit d'empêcher son voisin d'avoir des arbres à moins de deux mètres.

Donc ces lois ne sont pas « d'ordre public interne », c'est-à-dire, d'après les formules de M. Lainé, ne sont pas d'ordre public pour les sujets ordinaires. Voilà encore des lois absolues d'ordre public qui ne sont pas d'ordre public absolument; ou, si M. Lainé le préfère, voilà encore de l'ordre public absolu qui n'est pas absolu.

C'est à y perdre son latin.

*
* *

21. — A quel trait peut-on reconnaître les lois d'ordre public de celles qui ne sont pas d'ordre public du tout? Les auteurs de droit civil n'ont jamais pu le dire, et pour cause.

A quel trait peut-on reconnaître les lois d'ordre public absolu ou international des lois d'ordre public relatif ou interne? A leur tour, les auteurs de droit international privé sont réduits au silence.

Toute généralisation, disent-ils, est impossible. On ne peut procéder que par énumération, et, pour classer les lois à droite ou à gauche, aucun criterium, aucune indication. L'instinct, le flair, des considérations propres à chaque loi, l'opinion générale, sont les seules res-

sources de l'opérateur. « On chercherait en vain, avoue de nouveau
« M. Lainé dans ses *Observations*, un criterium certain, constant et
« général... Chaque juge aura son sentiment... Pareil désaccord
« pourra se produire parmi les auteurs. . Cette diversité et cette
« instabilité des opinions ne sauraient être conjurées, car elles
« tiennent à la nature même des choses, On ne peut pas empêcher
« qu'en cette matière le droit international privé ne repose sur un
« terrain mouvant. »

Autant dire tout de suite que le droit international privé n'est pas
une science, n'est pas du droit. C'est ici que cette boutade, échappée
ailleurs à M. Lainé très inopportunément, serait bien à sa place.

22. — Il y a plus. Il paraît que le législateur lui-même serait
impuissant à tracer une ligne générale de démarcation et à dire
nettement ce qu'il veut. Il ne peut même pas faire lui- même l'énumération des lois d'ordre public absolu. « Ce serait une entreprise pour
« lui extrêmement ardue et même *impossible*. Il lui serait difficile
« d'abord de ne pas commettre, dans le classement, des omissions
« ou des erreurs, qui, provenant de lui, seraient pour longtemps
« définitives. Et quand même il y parviendrait, ce serait vainement
« qu'il aurait accompli cette lourde tâche. A peine achevé, l'édifice
« menacerait ruine, car le caractère pour certaines lois d'un pays
« d'être d'ordre public .. tient à l'esprit général du pays, aux mœurs,
« à l'opinion. L'ordre public est essentiellement contingent et varia-
« ble. » C'est donc aux juges que doit être laissé le soin de discerner,
d'après « l'état présent des mœurs et des idées » d'après « le milieu contemporain », les lois d'ordre public absolu, les lois qui
sont de nature à faire écarter l'application des lois étrangères.

23. — Ainsi, on vient de l'entendre, ce n'est pas le législateur qui
décide si ses lois céderont ou non la place aux lois étrangères: c'est
l'opinion, c'est l'esprit général, c'est l'état des mœurs et des idées.

Eh quoi! le législateur ne peut-il donc pas avoir efficacement
la volonté de faire une loi « d'ordre public absolu » ou de faire une
loi qui ne soit pas « d'ordre public absolu » ?

M. Lainé semble bien admettre que si le législateur a manifesté
expressément l'une ou l'autre de ces volontés, elle est efficace. On
doit regretter qu'il l'ait eue, car il a pu se tromper pour le présent et surtout pour l'avenir, mais il faut s'incliner.

Mais si la volonté du législateur n'est que tacite, c'est tout autre chose. Le juge n'en devra tenir compte que si elle est d'accord avec les idées ambiantes. Quand les mœurs, l'opinion auront varié, on ne devra plus s'inquiéter de la pensée initiale de la loi.» Cette pensée, dit M. Lainé, aura elle-même varié avec les idées et les besoins du milieu, et, grâce à cette évolution, le juge en somme ne cessera pas d'appliquer la loi dans son véritable esprit.

24. — M. Lainé admet-il donc d'une manière générale que la coutume, ou plutôt l'opinion, les idées, ont le pouvoir d'abroger ou de modifier l'esprit des lois? Qu'elles sont une source du droit égale en puissance au vote de nos Chambres? Qu'elles doivent être regardées comme un vote tacite de ces Chambres, amendant et corrigeant sans cesse les lois promulguées ?

Il ne l'admet pas en « droit interne », c'est-à-dire à l'égard des Français. Là, l'office du juge est uniquement de « scruter et interpréter la pensée qu'a eue le législateur au moment même où il a fait la loi. »

Mais en droit international privé, c'est-à-dire à l'égard des étrangers, c'est tout différent. Là les mœurs et les idées sont une source du droit et peuvent rendre tour à tour la même loi opposable et non opposable aux étrangers.

Pourquoi cette différence ? On ne le dit pas ; on l'affirme simplement.

25. — Mais s'il est impossible de savoir pourquoi elle existerait dans la réalité, il est assez facile de voir pourquoi elle existe dans l'imagination des auteurs modernes de droit international privé.

C'est qu'ils se sont mis dans l'idée que les statuts personnels étrangers sont applicables aux étrangers dans l'Etat en vertu « d'un principe supérieur », d'un précepte « de justice absolue ». Or, s'il en est ainsi, si ce n'est pas la volonté du législateur qui leur ouvre la porte, ce n'est pas elle non plus qui peut la leur fermer. Il y aurait contradiction à dire que les statuts personnels étrangers sont amenés en France par la justice absolue mais qu'ils peuvent être repoussés par la volonté du législateur ; que le législateur n'a point à considérer l'intérêt du pays pour autoriser leur application, mais qu'il peut considérer le même intérêt pour la prohiber.

Il faut donc se persuader que ce qui arrête les lois étrangères, quand leur application serait par trop nuisible, ce n'est pas la volonté du législateur, mais une tierce puissance, une force indépendante et autonome, qui peut traiter d'égal à égal, et même de supérieur à inférieur, avec la justice absolue : l'ordre public lui-même, vague et mystérieuse entité, ayant pour organes l'opinion et les mœurs.

26. — Sans doute M. Lainé admet aujourd'hui que l'Etat est seul maître chez lui et que les lois étrangères ne s'appliquent pas sur son territoire sans son assentiment. Mais c'est du vin nouveau qu'il verse dans une outre vieille, contrairement au précepte de l'Evangile, et qu'il verse sans vider l'outre de son vieux contenu, puisqu'il continue de dire que c'est la justice absolue qui commande l'introduction des statuts étrangers. Il n'est donc pas étonnant que le vin nouveau sorte de l'outre pour partie et s'y altère pour le reste, et que le mélange indéfinissable qui résulte de l'opération contienne des idées inconciliables et des affirmations extraordinaires.

De là, par exemple, ces assertions contradictoires : « C'est au « législateur que revient le droit et la responsabilité d'écarter les « lois étrangères » ; mais « le juge doit rapprocher la loi de l'état « présent des mœurs et des idées et ne pas se borner à l'interpréter « et à scruter la pensée qu'a eue le législateur au moment où il a « fait la loi. »

De là cette affirmation arbitraire et paradoxale et anticonstitutionnelle, qu'à l'égard des étrangers, des étrangers seulement, l'esprit de la loi, d'une loi déterminée, « se modifie sous l'action du temps », et que ses dispositions leur deviennent inopposables après leur avoir été opposables et cela sans aucune intervention nouvelle du législateur.

27. — Si le législateur a tort de vouloir indiquer lui-même les lois qui s'opposent à l'application des lois étrangères, et si ses indications n'ont qu'une valeur éphémère, la Conférence diplomatique de La Haye s'est donc donné un mal inutile en énumérant les innombrables exceptions qu'elle juge bon d'apporter au principe de la personnalité des lois successorales. M. Lainé qui fait partie de la Conférence, aurait dû la rappeler à la raison et lui dire que l'ordre public absolu fait sa police lui-même le mieux du monde et qu'une énumération de ses éléments, dans un traité comme dans une loi,

ne peut que le gêner et lui porter préjudice « par des omissions ou des erreurs pour longtemps définitives ». Comment M. Lainé peut-il collaborer à une nomenclature qui peut à bref délai être « une œuvre arbitraire, donc nuisible » ?

28.— Quoi qu'il en soit, il résulte des aveux de M. Lainé qu'il ne peut nous donner aucune définition des lois d'ordre public absolu, si ce n'est celle-ci : ce sont les lois qui s'opposent à l'application des lois étrangères

Donc, lors qu'à la question de savoir quelles lois arrêtent l'application des lois étrangères on nous répond : ce sont les lois d'ordre public absolu, c'est exactement comme si on nous répondait : les lois qui arrêtent l'application des lois étrangères sont les lois qui arrêtent l'application des lois étrangères.

Et l'on nous déclare qu'il faut savoir se contenter de cette réponse.

*
* *

29.— La Synthèse ne s'en contente pas, et voici, avec préambule, la réponse qu'elle fait à la même question.

C'est en vertu de la volonté du législateur que les statuts personnels étrangers sont reçus dans le pays (1); c'est en vertu de la même volonté qu'ils cessent d'y être applicables.

Il est clair que ce qui porte le législateur soit à les admettre, soit à les repousser, c'est l'intérêt général de l'Etat, c'est le bien commun, c'est l'ordre public.

Mais c'est lui, législateur, qui est l'interprète attitré de l'ordre public et qui le sauvegarde par cette catégorie de mesures comme toutes les autres.

Le juge ne doit point obéir à l'ordre public, aux mœurs, à l'opinion. Il doit obéir au seul législateur. L'ordre public inspire le législateur et le législateur commande au juge.

Le juge doit certes s'appliquer à bien connaître les exigences de l'ordre public, mais uniquement pour se rendre plus capable de voir les intentions tacites des lois et leurs conséquences implicites,

---

(1) J'ai démontré à nouveau cette vérité dans le chapitre vi de ma réplique générale à M. Lainé, publiée dans la *Revue critique* (1900,1901, 1902), sous ce titre : *Un conflit sur les conflits.*

non pas pour les modifier quand la pensée du législateur est certaine.

30.— Quelles sont donc les lois qui *veulent* arrêter chez nous l'application des statuts personnels étrangers ? Ce sont :

1° toutes les lois qui ne sont pas elles-mêmes des statuts personnels. Le législateur peut bien et veut bien écarter, pour les étrangers, ses propres statuts personnels devant les statuts personnels étrangers, mais il ne doit pas et ne veut pas écarter ses autres lois, ses statuts réels, ses lois de police...

Il peut bien en effet, sans trop d'inconvénients, et même avec avantage final, tolérer la variété dans l'état et la capacité des personnes. Mais la variété dans le régime de la propriété, dans celui des hypothèques, dans celui de la répression pénale, etc., serait le désordre, l'anarchie.

Et la raison de cette différence, c'est que la plupart des lois d'état et de capacité ont des motifs qui peuvent n'être exacts que pour les nationaux, tandis que toutes les autres lois ont la même raison d'être à l'égard des étrangers qu'à l'égard des nationaux. La loi française qui prohibe le mariage avant quinze ou dix-huit ans, celle qui fixe la majorité à vingt-et-un ans, ont des motifs qui ne sont peut-être pas vrais pour les jeunes gens d'une autre race. La loi qui exige la publicité des hypothèques, celle qui défend les substitutions en France, ont des motifs absolus qui n'ont pas plus de chance d'être en défaut à l'égard des étrangers résidents qu'à l'égard des nationaux.

L'article 3 du Code civil est formel ; il applique aux étrangers, sans aucune restriction, donc même à l'encontre de leurs statuts personnels, les statuts réels français et les lois de police et de sûreté, et il a certainement voulu indiquer par ces deux vastes exemples, embrasser même sans doute dans ces deux grandes formules, toutes les lois qui ne sont pas des statuts personnels.

Ainsi la loi étrangère qui attacherait à l'état d'une catégorie de personnes autres que les femmes mariées, les mineurs et les interdits, une hypothèque dispensée d'inscription, ou qui donnerait à la femme mariée ou au mineur une hypothèque sur les meubles, ne serait pas reçue en France. D'une part, en effet, notre régime hypothécaire, en principe, n'admet pas les hypothèques dispensées d'inscription, et si nos propres statuts personnels ont pu apporter à cette règle quelques exceptions, les statuts personnels étrangers ne peuvent pas en apporter de nouvelles. D'autre part, notre régime hypothécaire n'admet pas les hypothèques sur les meubles.

De même si une loi étrangère permettait au père, comme à Rome, de juger lui-même ses enfants coupables de crime et de les mettre à mort, cette loi personnelle ne serait pas reçue en France (1), parce qu'il faudrait, pour l'appliquer, faire fléchir non seulement nos statuts personnels mais nos lois d'organisation judiciaire et d'instruction criminelle.

2° Ceux de nos statuts personnels qui intéressent les bonnes mœurs ou qui sanctionnent un devoir naturel de justice. Au détriment de la morale et de la justice aucune concession ne doit être faite à l'intérêt immédiat ni même à la courtoisie.

Ainsi la loi étrangère qui admet la polygamie n'est pas reçue en France. Ainsi encore le statut personnel français qui oblige le fils à fournir des aliments à son père serait appliqué même à des étrangers dont la loi nationale ne sanctionnerait pas ce devoir.

3° Les autres statuts personnels que pour des raisons particulières et impossibles à systématiser, surtout à l'avance, il plait ou pourrait plaire à notre législateur d'imposer aux étrangers.

31. — Tels sont, exposés côte à côte et à grands traits, les deux enseignements, celui des soi-disant rénovateurs du droit international privé, et celui de la *Synthèse*.

M. Lainé, dans le dernier chapitre de ses *Observations*, fait de suprêmes efforts pour réhabiliter le premier et discréditer le second.

32. — Il commence par placer artificiellement le débat sur un terrain qui n'est pas du tout celui où règne notre désaccord, sur un terrain qui suppose vraies justement l'idée et la formule fondamentales de mes adversaires, celles que j'ai dénoncées comme éminemment fausses. Par là l'esprit du lecteur est complètement dépisté du véritable objet de la controverse et mis en disposition de ne rien comprendre à mes idées lorsqu'enfin M. Lainé les fait apparaître, en assez pauvre tenue, sur ce faux champ de bataille.

« Il s'agit de savoir, dit-il, comment l'application des lois étrangères, .
« admise dans un pays, peut se concilier avec les lois d'ordre public
« local ».

(1) Il en est ainsi en Chine.

Non, il ne s'agit pas de cela, puisque je nie qu'il y ait des lois qui soient seules à avoir le caractère de lois d'ordre public local, puisque je soutiens que toutes les lois sans une seule exception ont pour but de procurer le bien public local.

Il s'agit de savoir s'il y a des lois qui, à l'exclusion des autres, sont d'ordre public et s'il y en a qui ne sont pas d'ordre public ; il s'agit de savóir si on dit une chose raisonnable et intelligible en disant que les statuts personnels étrangers ne s'appliquent pas au détriment des lois d'ordre public absolu ; il s'agit de savoir quelles sont les lois au détriment desquelles ils ne s'appliquent pas.

33. — Sur la position que, par la force de l'habitude, il a choisie, M. Lainé range habillées de neuf et dans une belle ordonnance les affirmations, divisions, subdivisions qui composent sa théorie et que nous connaissons. Puis il amène mes propositions et mes démonstrations, consciencieusement résumées. mais forcément mutilées et affaiblies dans une condensation faite par une main étrangère, dépourvues d'une partie de leur équipement, manœuvrant contrairement au thème de la bataille donné au début de l'article.

Devant des lecteurs qui n'ont reçu que l'enseignement de l'Ecole et qui ont gardé, non pas dans l'intellect, c'est impossible, mais dans la mémoire, les faux dogmes que j'essaye de renverser, M. Lainé a beau jeu pour déclarer, avant même d'avoir argumenté contre moi, que ma tentative est vaine.

« C'est après cet exposé, s'écrie-t-il, où les grandes et délicates
« questions du sujet sont à peine effleurées ; où tout est confondu,
« où notamment sont mêlés le droit public avec le droit privé, les
« lois qui certainement s'imposent aux étrangers comme aux Fran-
« çais, avec les lois dont le seul effet n'est peut-être que de faire
« écarter les lois étrangères ; où sont opposés aux statuts personnels
« étrangers, à titre d'exceptions, comme si c'étaient choses compa-
« rables, statuts réels, lois de police et de sûreté, lois de procédure,
« lois fiscales et administratives ; c'est après cette étude superfi-
« cielle de la matière, après ce médiocre effort vers la précision et la
« clarté, que M. de Vareilles-Sommières, arrivant à la critique des
« autres systèmes, se croit en droit de leur reprocher d'être obscurs
« et de consister en des idées « confuses, incomplètes, informes. »

La fin de ce passage donne aux appréciations qui la précèdent le caractère de représailles et leur enlève une partie de l'autorité qui s'attache d'habitude si légitimement aux opinions de M. Lainé.

Je ne veux cependant rien laisser tomber des critiques de mon éminent contradicteur et je dois à toutes l'honneur d'une réponse. Seulement, ce qui rend ici la chose difficile, ce n'est pas la passion, c'est le vague des reproches.

*_**

34. — D'abord, j'ai à peine effleuré les grandes et délicates questions du sujet.

Un exemple n'eût pas été de trop. J'ai beau passer en revue l'enseignement de l'Ecole en général et celui de M. Lainé en particulier, je ne vois aucune question, petite ou grande, traitée par eux, que je n'aie examinée avec le plus grand soin et avec beaucoup plus de développement qu'eux-mêmes.

Il est vrai que ma doctrine supprime, dans un sens, les grandes et délicates questions du sujet, à savoir la distinction entre les lois d'ordre public et celles qui ne seraient pas d'ordre public, la distinction entre les lois d'ordre public absolu et les lois d'ordre public relatif. Mais, si je les supprime, ce n'est pas pour les avoir à peine effleurées, c'est au contraire pour les avoir étudiées à fond, retournées dans tous les sens et démontré qu'elles sont grandes seulement en obscurité et qu'elles sont délicates ou plutôt insolubles parce qu'elles n'ont pas de raison d'être.

35. — En réfléchissant, je pense que la grande et délicate question que j'ai eu le tort, aux yeux de M. Lainé, de ne pas traiter, c'est une question nouvelle, imaginée et résolue par lui dans le cours de ses *Observations*.

C'est la question de savoir si « les lois d'ordre public absolu », c'est-à-dire, en termes rationnels, si les lois qui arrêtent l'application des statuts personnels étrangers, non seulement repoussent les statuts étrangers incompatibles avec elles, mais prennent leur place et s'appliquent elles-mêmes aux étrangers « en ce qu'elles ont de positif ».

M. Lainé la résout par la négative. Ces lois, dit-il, « peuvent s'opposer mais non s'imposer ». Les statuts personnels étrangers sont seuls compétents pour l'étranger ; les lois locales absolues peuvent bien les empêcher de s'appliquer, mais ne deviennent point compétentes à leur place et ne peuvent remplir leur office. « Qu'elles para« lysent les règles du droit international privé ; soit ! Mais il ne « faut pas qu'elles les renversent. »

36. — Cette question, je l'avoue, ou plutôt je m'en félicite, n'est pas débattue dans la *Synthèse*. Elle n'y est pas examinée pour cette bonne raison que la question n'en est pas une, si du moins on entend par question un point de droit tant soit peu douteux. Or le doute n'existe pas, si ce n'est, depuis quelque temps, dans l'esprit de M. Lainé. La vérité est certaine, palpable, évidente, mais elle est juste le contraire de ce qu'enseigne M. Lainé.

Il est facile de le prouver soit par le raisonnement, soit par les faits

37. — En raison, il est physiquement impossible que de deux lois qui portent sur *un seul et même point*, sur *un seul et même acte* bien déterminé, et qui sont contraires, l'une soit inappliquée sans que l'autre soit obéie ; car entre faire un acte bien délimité et ne pas le faire, il n'y a pas de milieu ; entre oui et non, il n'y a pas d'intermédiaire.

Si la loi étrangère permet ou ordonne un acte qu'une loi locale absolue défend, cette dernière, en écartant la première, s'applique forcément à sa place. Si elle ne s'appliquait pas, l'acte pourrait donc être accompli par l'étranger, et dès lors c'est la loi étrangère qui aurait satisfaction et ne serait donc pas écartée.

Il en est absolument de même si la loi étrangère défend ou laisse facultatif un acte qu'une loi locale absolue ordonne. La loi étrangère étant écartée, l'acte n'est donc pas défendu ou facultatif, et dès lors il est obligatoire, et la loi locale, toute positive qu'elle soit, est appliquée. Si elle ne s'appliquait pas, l'acte pourrait donc n'être pas accompli par l'étranger, et alors c'est la loi étrangère qui serait suivie par lui et ne se trouverait pas le moins du monde écartée.

38. — Du raisonnement abstrait descendons aux faits.

La loi qui chez nous oblige certains parents à se fournir réciproquement des aliments est, de l'aveu de tous, une loi qui écarte les lois étrangères contraires. C'est aussi, M. Lainé en conviendra, une loi qui est « positive ». Or elle ne se borne pas à écarter les lois étrangères ; elle s'applique bel et bien « en ce qu'elle a de positif », aux étrangers comme aux Français, et M. Lainé lui-même l'enseigne

et l'approuve. Si elle ne s'appliquait pas aux étrangers, les aliments ne seraient donc pas dus par eux en France, et leur statut personnel triompherait et ne serait nullement écarté.

La loi française n'admet pas que la différence de religion, de race, de couleur, soit un empêchement au mariage. En cela, d'après M. Lainé lui-même, elle est « d'ordre public absolu ». Elle écarte donc les lois étrangères contraires. Non seulement elle les écarte, mais, ce qui n'est du reste une chose différente que pour M. Lainé, elle s'applique chez nous à leurs sujets « en ce qu'elle a de positif ». Ces étrangers peuvent chez nous épouser des personnes d'une autre religion, d'une autre race, d'une autre couleur, et ils sont valablement liés par ces mariages. Et s'il n'en était pas ainsi, la loi étrangère prétendument écartée serait sur eux la loi régnante.

39. — Mais, bien entendu, de ce qu'une loi locale absolue écarte une loi étrangère et s'applique à sa place, il ne suit pas *par là seul* qu'*une autre* loi locale, plus ou moins voisine de la première, soit absolue aussi et écarte et remplace l'*autre loi* étrangère correspondante.

C'est tout simplement cette vérité, un peu trop éclatante et presque naïve à dire, qui a ébloui M. Lainé et qu'il a prise pour ce qu'elle n'est pas.

En effet, dans les exemples qu'il nous donne, la loi locale qu'il déclare inapplicable aux étrangers est une tout autre loi que la loi « d'ordre public absolu » qu'il avait d'abord mise sur le tapis.

40. — Premièrement, il prend la loi qui, avant 1884, prohibait chez nous le divorce et qui était « d'ordre public absolu ». Elle repoussait, dit-il, les lois étrangères contraires, mais ne devait pas. s'appliquer à leur place « en ce qu'elle avait de positif. » Et que conclut-il de là ? c'est « qu'un étranger appartenant à un pays où le divorce est admis et la séparation de corps interdite » ne pouvait pas obtenir en France la séparation de corps.

Ainsi, ce qu'il y avait de positif dans la loi qui prohibait le divorce, c'est que la séparation de corps était permise, et ce positif ne s'appliquait pas aux étrangers. La singularité de cette phrase qui résume fidèlement les assertions de M. Lainé, le coq-à-l'âne qu'elle monumente, montrent la confusion qu'a commise mon éminent contradicteur.

Il n'a pas vu que la loi qui interdisait le divorce et celle qui permettait la séparation de corps étaient deux lois différentes, et que quand on raisonne sur l'une on ne raisonne pas sur l'autre. Il est clair que de ce que la loi prohibitive du divorce était applicable aux étrangers il n'y avait rien à conclure ni pour ni contre l'application à ces mêmes étrangers de la loi sur la séparation de corps.

41. — M. Lainé commet la même méprise à propos de la loi française actuelle qui repousse toute autre cause de divorce que l'adultère, les excès, sévices et injures graves, la condamnation à une peine afflictive. Cette loi, de l'avis général, est absolue. Un étranger ne peut donc obtenir en France le divorce pour une cause admise par son statut personnel mais point par le nôtre. Pour justifier sa thèse que les lois françaises « d'ordre public absolu » se bornent à empêcher l'application des lois étrangères et ne s'appliquent pas aux étrangers « en ce qu'elles ont de positif », il nous fait remarquer qu'un étranger ne peut pas faire prononcer son divorce en France pour une des trois causes admises par la loi française, quand cette cause n'est pas admise aussi par sa loi nationale. Là encore M. Lainé passe soudain et illégitimement d'une loi française à une autre loi française. La disposition qui repousse telle ou telle cause de divorce est une loi ; la disposition qui admet telle ou telle cause de divorce est une autre loi. Chacune a des raisons d'être à part. L'une peut être inflexible devant les lois étrangères sans que l'autre le soit.

42. — M. Lainé, par distraction, a été victime ici de l'habitude que la pauvreté de la langue nous impose de désigner par le mot de loi l'ensemble des dispositions portées par le législateur sur toute une matière et dans un même cadre. Or pour le jurisconsulte, pour le philosophe, et dans la vérité, chaque disposition est une loi, et la loi globale n'est qu'un groupe de lois.

43. — On pourrait mettre M. Lainé à la gêne par plus d'une question embarrassante sur la distinction qu'il fait entre ce qu'il y a de négatif et ce qu'il y a de positif dans une loi.

Ainsi la loi qui prohibe le mariage d'une personne déjà et encore mariée le prohibe à peine de nullité. Annuler le mariage, ce n'est pas du négatif, ce me semble, c'est du positif. M. Lainé pense-t-il que ce qu'il y a de positif dans cette loi ne s'applique pas aux étrangers venus d'un pays où la polygamie est permise ? Et que l'union bigamique ou trigamique contractée en France par ces étrangers est valable ?

Je crois que M. Lainé aurait bien fait de ne pas soulever « la grande et délicate question » qu'il s'étonne de ne pas voir traitée dans la *Synthèse*.

***

44. — Second grief : j'ai mêlé le droit public avec le droit privé.

Je pense que M. Lainé veut dire que les lois qui composent le droit public et celles qui composent le droit privé ont pour moi ce caractère commun, d'être toutes portées en vue de l'intérêt général, d'être toutes d'ordre public.

Si c'est là mêler le droit public et le droit privé, je les ai mêlés en effet.

Mais alors, M. Lainé mêle aussi les deux droits, car les lois d'ordre public sont pour lui : 1° toutes celles qui composent le droit public; 2° une partie de celles qui composent le droit privé.

Toute la différence entre nous deux est donc que je mêle tout le droit privé avec tout le droit public, tandis que lui mêle une partie seulement du droit privé avec tout le droit public.

Chacun de nous a le droit de croire que son mélange est meilleur que celui de l'autre. Mais aucun de nous n'a le droit de jeter de la poudre aux yeux des spectateurs, en formulant contre l'autre l'accusation creuse de mêler le droit public et le droit privé.

***

45. — Troisième grief : J'oppose aux statuts personnels étran« gers, à titre d'exceptions et comme si c'étaient choses comparables, « statuts réels, lois de police et de sûreté, lois de procédure, lois « fiscales et administratives. »

Je n'oppose pas les lois dont il s'agit aux statuts personnels étrangers *à titre d'exceptions à ces statuts*, comme pourrait le faire croire le langage trop elliptique de mon éminent contradicteur. Ce serait un pur non-sens.

Je ne les mets pas en balance avec les statuts personnels étrangers *comme choses comparables* et de même sorte. Ce serait ignorer l'A B C juridique.

J'enseigne simplement que les statuts personnels étrangers exceptionnellement ne s'appliquent pas chez nous, lorsqu'ils se heurtent à nos lois réelles, à nos lois de police et de sûreté, à toutes celles de nos lois qui ne sont pas elles-mêmes des lois d'état et de capacité. Et je dis expressément que si toutes ces lois arrêtent les statuts personnels étrangers, c'est justement parce qu'elles ne sont pas *choses comparables*, parce qu'elles ne sont pas des statuts personnels et que notre législateur n'a voulu retirer devant les statuts personnels étrangers que les statuts personnels français, pas une seule autre loi française.

46. — M. Lainé nie-t-il donc qu'un statut personnel étranger puisse se heurter à une loi française qui n'est pas un statut personnel ?

Ou bien nie-t-il que la loi française, en pareil cas, résiste au statut étranger ?

Si une loi étrangère donne au père sur la succession du fils, au mari sur la succession de la femme, et réciproquement, pour assurer le service des aliments, une hypothèque légale dispensée de spécialité et de publicité ; si une loi étrangère attache à l'état d'une catégorie de personnes une hypothèque sur les meubles ; M. Lainé conteste-t-il que ces statuts personnels étrangers se rencontrent face à face, chez nous, avec des statuts réels qui ne leur sont pas comparables, mais qui leur sont contraires? Ou fait-il céder nos statuts réels devant les statuts personnels étrangers ?

Si une législation étrangère porte que les procès entre ascendants et descendants sont jugés dans la Chambre du conseil, ou que les princes du sang sont exemptés d'impôts, ou que le père peut juger ses enfants au criminel, M. Lainé conteste-t-il que ces statuts personnels étrangers se rencontrent chez nous, face à face, avec des lois de procédure, des lois fiscales, des lois d'instruction criminelle, qui ne leur sont pas comparables mais qui leur sont contraires ? Ou soutient-il que ces lois françaises reculent devant ces lois étrangères ?

Il admet évidemment comme moi que toutes ces lois arrêtent les statuts personnels étrangers. Je suis bien sûr même qu'il est d'avis que « non seulement elles s'opposent, mais s'imposent. »

Mais il les englobe et les perd de vue sous le nom prestigieux et obscur de lois d'ordre public absolu ; et dans ce nuage elles lui paraissent « choses comparables » aux statuts personnels étrangers.

***

47. — « Médiocre », mon effort vers la précision et la clarté ; « superficielle » mon étude de la matière.

Qu'y a-t-il de vague et d'obscur dans une doctrine qui se réduit aux propositions suivantes : Toutes les lois sont faites en vue du bien commun ; — les particuliers ne peuvent déroger à aucune d'elles ;— mais ils peuvent renoncer aux droits qu'elles leur donnent ou reconnaissent, — à moins qu'elles ne leur enjoignent de les conserver. – Les lois d'état et de capacité abdiquent en principe leur pouvoir sur les étrangers résidents au profit des statuts personnels étrangers ; — mais aucune autre loi né fléchit devant ces statuts, — et ceux des statuts personnels locaux qui intéressent les bonnes mœurs ou la justice ne se retirent pas non plus devant les lois étrangères.

Laquelle de ces propositions manque de précision et de clarté ?

Qu'on mette en regard les propositions de la jeune Ecole. Tout y est ténèbres. De son propre aveu, elle emploie des termes « indéfinissables », des idées « instables », des distinctions « sans criterium », qui font reposer ici le droit international privé « sur un terrain mouvant ».

M. Lainé a le droit de croire et de dire que ma théorie est fausse ; mais il n'a pas le droit de ne pas voir qu'elle l'emporte en précision et en clarté sur la théorie momentanément régnante. Que j'obtienne la clarté au détriment de la vérité, mon éminent contradicteur peut l'affirmer et ferait mieux de le prouver, mais il ne peut nier qu'en lumière et en netteté le progrès soit réel.

48. — M. Lainé veut-il dire par hasard que l'effort que j'ai fait vers la lumière est médiocre non pas dans son résultat, mais en lui-même, qu'il était facile et sans mérite ? Si je n'étais pas juriste, il aurait bien raison, car ce sont des vérités élémentaires et de simple bon sens que j'ai reconquises. Mais mettre en doute les idées et les formules dont on a été nourri, renverser l'enseignement qu'on a reçu d'hommes vénérés et qu'on a soi-même trop longtemps répété, effacer un à un les faux plis profondément incrustés dans son cerveau, ce

n'est pas, M. Lainé peut m'en croire, un effort facile ni d'un jour.

49. — Quant à la note de *superficielle* donnée à mon étude par la partie adverse, ce n'est pas à moi, c'est aux lecteurs désintéressés de la *Synthèse* et des *Lois d'ordre public* qu'il appartient de dire si elle manque de justice.

C'est peut-être bien parce que ma théorie est trop claire qu'elle paraît superficielle à M. Lainé, car c'est une tendance de l'esprit, même chez les savants, de prendre, dans un livre, dans une doctrine, l'obscurité pour la profondeur.

*_**

50. — Mon éminent contradicteur, comprend qu'il ne peut s'en tenir à ces reproches généraux, vagues, non prouvés et non concluants.

Il essaye de produire quelques arguments en faveur de l'enseignement de l'Ecole et quelques-uns contre le mien. Il les présente pêlemêle dans quatre pages embarrassées, où il est difficile de les distinguer les uns des autres et encore plus difficile de voir les contours nets de chacun d'eux.

Essayons cependant.

51. — D'abord, on devait s'y attendre, pour défendre la division que l'Ecole fait des lois en lois qui intéressent l'ordre public et en lois qui ne l'intéressent pas, il se retranche derrière l'article 6 du code civil et l'art. 46 de la loi du 20 avril 1810.

Quand il serait vrai, dit-il, que la division est mauvaise ou mal présentée, « le reproche ne pourrait être adressé qu'au législateur » et pas à l'Ecole. Elle ne pouvait pas « supprimer les formules législatives ».

J'ai répondu à l'avance que le législateur a le droit de nous imposer des règles de conduite, mais non des conceptions ni des formules, des erreurs de pensée et des fautes de langage. Quand, au lieu de commander et de défendre, il émet des vues doctrinales, il n'a pas plus d'autorité qu'un simple particulier, et, s'il déraisonne, nous ne sommes pas forcés de déraisonner avec lui.

52. — Mais, dit M Lainé, la division des lois que fait l'article 6 n'est pas inexacte.

A la vérité, — mon éminent contradicteur veut bien le reconnaître,

— toutes les lois sont faites en vue de l'intérêt général. Mais, ajoute-il, elles sont toutes faites aussi en vue des intérêts particuliers.

Or, continue-t-il, « toutes ne placent pas sur le même plan ces « deux sortes d'intérêts. Les lois qui forment le droit public se « préoccupent directement et immédiatement de l'intérêt général ; « elles n'influent sur les intérêts particuliers que par contre-coup, « de manière indircte et médiate.C'est dans l'ordre inverse qu'agis« sent les lois dont se compose le droit privé. Et quant à ces der« nières, l'intérêt général y est lié plus ou moins étroitement, plus « ou moins fortement aux intérêts particuliers. »

Ainsi, d'après ces lignes, il y a des lois qui placent l'intérêt général au premier plan : ce sont les lois qui composent le droit public. Il y en a d'autres qui placent les intérêts particuliers au premier plan, mais où l'intérêt général est étroitement et fortement lié aux intérêts particulier : ce sont les lois de droit privé au bénéfice desquelles on ne peut pas renoncer. Il y en a d'autres enfin qui mettent aussi les intérêts particuliers au premier plan et où l'intérêt général est encore lié aux intérêts particuliers mais pas étroitement ni fortement : ce sont les lois de droit privé au bénéfice desquelles on peut renoncer.

Il est bien permis, dit mon éminent contradicteur, de qualifier brièvement de lois d'ordre public les deux premières catégories de lois, pour exprimer que l'ordre public « y est engagé à un degré particulier,éminent ».Sans doute les autres lois se préoccupent aussi de l'ordre public, mais très secondairement. L'expression de lois d'ordre public est elliptique ; elle condense cette périphrase : lois qui s'occupent de l'ordre public beaucoup plus que les autres, lois qui intéressent éminemment l'ordre public. L'ellipse est un peu hardie ; l'expression n'est pas parfaitement claire en soi et a besoin d'être expliquée ; mais, l'explication donnée, elle est commode, acceptable, et « pour un esprit attentif », intelligible.

53. — Remarquons que M. Lainé en prend lui-même à son aise avec l'article 6, pour lequel il réclame mon respect. L'article divise les lois en lois « qui intéressent l'ordre public » et lois qui « ne l'intéressent pas ». M. Lainé modifie profondément la division : il oppose les lois qui intéressent directement ou éminemment l'ordre

public à celles qui l'intéressent médiatement ou à un moindre degré.

Je me flatte d'être un peu cause de ce changement de front. On est forcé de me faire cette concession que toutes les lois intéressent l'ordre public d'une certaine façon. On amende l'article 6. Mais passons.

54. — Pour que l'explication proposée rendît intelligible le terme *lois d'ordre public*, il faudrait qu'elle le fût elle-même. Or, elle ne l'est pas, surtout pour un esprit attentif.

Ce qui est inintelligible en elle et ce qui la rend tout entière inintelligible, c'est la distinction qu'elle fait entre l'intérêt général d'une part et *l'intérêt particulier de tous les citoyens* d'autre part.

Quand M. Lainé nous dit que toutes les lois se préoccupent en même temps, mais dans des proportions diverses, de l'intérêt général et des *intérêts particuliers*, c'est des intérêts particuliers de tous les citoyens que, par ces derniers termes, il veut parler ; car enfin il sait bien qu'aucune loi n'est ou ne doit être portée en vue des intérêts de certains citoyens seulement. Or, si l'intérêt de *tous* les citoyens n'est pas l'intérêt général, qu'est-ce donc que l'intérêt général ? De grâce, qu'on nous définisse l'un et l'autre et qu'on nous montre la différence.

Il est clair qu'il n'y en a pas. Dire que la loi veut servir les intérêts particulier de tous les citoyens, c'est dire qu'elle veut servir l'intérêt général, et c'est le dire d'une façon incorrecte, car l'intérêt du citoyen n'est pas particulier dès que le même intérêt existe pour tous les autres citoyens.

55. — Puisque l'intérêt de tous les particuliers et l'intérêt général, c'est la même chose, il suit que les trois catégories de lois péniblement distinguées par M. Lainé se préoccupent toutes directement, immédiatement, et ajoutons uniquement de l'intérêt général. Toutes le placent au premier plan et ne placent rien du tout au second plan.

56. — Reste-t il au moins à M. Lainé, pour essayer d'expliquer et de justifier la division et les locutions de l'article 6, cette ressource. d'alléguer simplement que les lois « auxquelles on ne peut pas déroger par des conventions particulières » et qui sont, d'après le texte et pour toute l'Ecole, les lois d'ordre public, procurent le bien com-

mun, non pas plus directement et plus spécialement, mais plus grandement que les autres lois? qu'elles ont plus d'importance pour le bien public ? Que la Société pourrait moins se passer d'elles que des autres ?

Cette allégation, on l'a vu déjà, serait démentie par les faits. La loi qui arme le droit de créance, auquel nous pouvons renoncer, celle qui reconnaît et protège le droit de propriété, auquel nous pouvons renoncer, celle qui nous assure les successions de nos proches, auxquelles nous pouvons renoncer, sont plus indispensables au bien commun, sont d'une utilité vitale plus grande pour le groupe, que celles qui nous donnent les droits inaliénables d'acquérir la mitoyenneté du mur voisin, de faire déclarer la nullité d'un pacte sur succession future, de voter pour l'élection des conseillers d'arrondissement et même pour celle des députés.

Donc l'expression de lois d'ordre public ne peut être réservée aux lois au bénéfice desquelles nous ne pouvons renoncer, même si, pour la rendre tolérable, on lui donne par des sous-entendus la valeur d'un simple superlatif relatif. Parmi les lois au bénéfice desquelles on peut renoncer comme parmi les lois au bénéfice desquelles on ne peut pas renoncer il en est qui sont pour le bien public d'une importance suprême ; et parmi les secondes comme parmi les premières il en est qui sont d'une importance minime.

57. — Et de même M. Lainé ne pourrait pas prétendre que les lois qui arrêtent les statuts personnels étrangers intéressent le bien commun plus puissamment que celles qui leur laissent le champ libre. La loi qui défend le mariage avant quinze ou dix-huit ans, et qui cède la place à des statuts étrangers contraires, est certes plus nécessaire au bien commun du groupe français que la loi absolue qui n'admet pas l'hypothèque mobilière ou que celle qui impose telle ou telle minuscule formalité dans un acte ou dans une procédure. Seulement le bien commun n'exige pas que celle-là s'applique aux étrangers tandis qu'il exige que celles-ci régissent tout le monde sur le territoire.

C'est ainsi qu' « en droit interne » la loi qui impose le service militaire aux hommes et pas aux femmes intéresse pourtant l'ordre public un peu plus fortement que la loi qui défend à tout le monde d'employer, pour les affiches, du papier blanc. Seulement l'ordre public ne réclame pas, tant s'en faut, que la première loi, quelque immense que soit pour le groupe son importance, traite les femmes comme les hommes. tandis qu'il réclame que la seconde, quelque minime qu'en soit le profit, s'applique, sous peine de manquer son but, aux femmes comme aux hommes.

.*.

58. — Sentant bien que le terrain du raisonnement est un terrain ingrat pour ses idées et ses formules, M. Laine s'est surtout appliqué à prouver qu'elles peuvent se prévaloir de l'assentiment d'un jurisconsulte qui a récemment étudié la matière, qui l'a étudiée très superficiellement, mais dont mon éminent contradicteur tient beaucoup cependant à mettre l'autorité de son côté.

Ce jurisconsulte, c'est... moi-même.

M. Lainé déclare que mon attaque contre la doctrine courante « n'est qu'une longue querelle de mots, » et que mes idées « diffèrent peu, si elles en diffèrent, des idées qui sont généralement proposées. » Et c'est avec la doctrine courante telle que M. Lainé la présente dans ses *Observations*, c'est-à-dire amendée et modifiée par mon éminent contradicteur, que mes idées coïncideraient exactement.

Il s'efforce de justifier cette affirmation imprévue, qui devient son principal argument défensif et son seul argument offensif.

Comme argument défensif, le fait, s'il était vrai, ne prouverait pas grand'chose. Mais, comme argument offensif, il prouverait d'une façon péremptoire que mon étude a été en effet bien superficielle, et mes efforts vers la lumière médiocres et stériles.

59. — Voici comment M. Lainé prétend démontrer que j'admets moi-même la division des lois en lois qui méritent excellemment le nom de lois d'ordre public et en lois qui, ne le méritant qu'à un moindre degré, peuvent être privées de ce beau titre.

« M. de Vareilles-Sommières admet qu'il y a des lois au bénéfice « desquelles on peut renoncer, et d'autres lois qui s'imposent... »

Pardon. Je n'ai jamais distingué *en ces termes* deux groupes de lois. Toutes les lois, pour moi, *dans le cas qu'elles visent,* s'imposent. Les lois au bénéfice desquelles on peut renoncer s'imposent comme les autres ; rien au monde ne peut faire que *dans l'hypothèse*

qu'elles prévoient je n'acquière pas le droit, le bénéfice, qu'elles donnent en pareil cas aux sujets. Elles ne veulent que cela, mais elles
le veulent impérativement et elles le font. Si je renonce au droit,
c'est que je l'ai et que la loi a été efficace ; et je puis renoncer au
droit, parce que, si une loi a voulu que j'acquisse le droit, aucune
loi ne *veut* que je le conserve.

Renoncer au bénéfice d'une loi, cela ne veut pas dire empêcher
cette loi de s'appliquer ; cela veut dire renoncer au droit qu'elle nous
a donné en s'appliquant.

60. — Ce qui est .vrai, ce qui est un fait patent et que certes
j'admets, c'est qu'il y a des lois au bénéfice desquelles on peut
renoncer et d'autres au bénéfice desquelles on ne peut pas renoncer.

Remarquons du reste en passant que l'on peut, en principe, *ne
pas exercer* même les droits que nous donnent les lois du second
groupe, même les droits inaliénables. Ce qui est défendu seulement
ou, plus exactement, empêché par ces lois, c'est de renoncer au droit,
c'est de le perdre.

61. — Et pourquoi, continue M. Lainé, ne peut-on pas renoncer
aux droits que nous donnent certaines lois ? M. de Vareilles-Sommières le dit lui-même : c'est « parce que, pour des motifs divers, la
« renonciation aux droits qu'elles nous donnent serait *contraire à*
« *l'ordre public.* »

Sans doute je dis que les lois qui nous donnent des droits auxquels
nous ne pouvons renoncer sont fondées sur le bien public. Mais j'en
dis tout autant des lois qui nous donnent des droits auxquels nous
pouvons renoncer.

Selon moi, au premier cas l'ordre public réclamait : 1° Que le
droit nous fût donné ; 2° que nous ne pussions l'aliéner ; au second
cas l'ordre public réclamait : « 1° Que le droit nous fût donné ; 2° que
nous pussions en disposer.

62. — M. Lainé ne peut même pas avancer que, si toutes les lois
ont à mes yeux pour raison d'être l'intérêt général, du moins je
reconnais que les lois au bénéfice desquelles on ne peut renoncer
servent plus puissamment l'intérêt général que les autres, sont plus
importantes, plus vitales : à maintes reprises, dans mes précédents
travaux comme dans la présente réplique, j'ai affirmé et prouvé par
les faits l'inexactitude de cette idée. La loi qui donne au créancier

le droit de poursuivre le débiteur est un peu plus indispensable à la prospérité générale que la loi qui donne au propriétaire le droit d'acquérir la mitoyenneté du mur voisin. C'est la troisième fois que M. Lainé m'oblige à lui remettre sous les yeux cet exemple décisif.

63. — Mon éminent contradicteur fait une macédoine avec des fragments découpés dans les parties de ma monographie sur l'ordre public où je cherche et exprime les relations qu'ont avec l'ordre public non plus les lois, mais les contrats, les procès, l'intervention du ministère public dans l'exécution des lois.

Il est clair et naturellement je dis que certains contrats sont contraires à l'ordre public et nuls pour cette raison.

Il est non moins clair que dans certains procès l'intérêt des parties n'est pas seul en jeu, que l'intérêt général y est directement engagé, et que, pour cette raison, l'affaire doit être communiquée au ministère public.

Enfin il est visible que le plus souvent l'intérêt général, social, ne demande pas que le ministère public intervienne dans l'exécution des lois, car les parties sont suffisamment pressées par leur intérêt propre et suffisamment libres de se procurer cette exécution. Mais parfois cependant l'intérêt général demande que le ministère public puisse prendre l'initiative de l'exécution.

Il est impossible ici de développer et de justifier par des exemples toutes ces propositions. Disons seulement que la plupart illustrent cette idée et ce fait que, si toutes les lois, sans exception, *portées pour l'usage de tous,* servent immédiatement l'intérêt général, il n'en est pas toujours de même de *chaque application* de la loi : chaque application de certaines lois ne sert directement que des intérêts particuliers ; chaque application de certaines autres sert elle-même immédiatement l'intérêt général.

. Une comparaison peut éclairer cette antithèse entre la loi et *une* application de la loi : une route publique sert assurément l'intérêt général ; mais chacun des voyages qu'y font les individus tantôt ne sert qu'un intérêt particulier, tantôt sert lui-même l'intérêt général.

La loi, c'est la route ; elle est chose publique, elle est d'intérêt général. Les applications de la loi, ce sont les voyages. c'est l'usage

qu'on fait de la chose publique, tantôt pour son seul avantage, tantôt
pour le bien public.

64. — Dans le kaléidoscope où M. Lainé jette pêle-mêle les
fragments où je dis que les contrats, que les procès, que l'inter·
vention du ministère public dans l'exécution des lois peuvent intéresser l'ordre public mais ne l'intéressent pas toujours, le spectateur
ébloui peut croire, comme il y est invité, que les fragments se rap-
portent aux lois elles-mêmes.

Or il n'en est rien. Il suffit de les relire attentivement, même dans
le cadre où M. Lainé les force d'entrer, pour voir qu'ils ne parlent
pas des lois. Et si on veut bien les replacer dans les différents cadres
naturels d'où ils ont été arrachés, on s'étonne de plus en plus des
confusions commises par mon éminent contradicteur.

C'est donc, sans le vouloir, en eau trouble qu'il pêche cette con-
clusion : « L'intérêt général, ou le bien public, ou l'ordre public, —
« expressions synonymes, -- est donc engagé, *de l'aveu même de*
« *M. de Vareilles-Sommières*, plus gravement et plus étroitement
« *dans certaines lois* ou *dans certaines causes...* »

Que l'ordre public soit engagé directement. immédiatement, dans
certaines *causes* et pas dans certaines autres, oui, je l'ai dit et je le
redis, mais les *causes* ne sont pas les lois.

Que l'ordre public soit plus étroitement engagé dans certaines
lois que dans les autres, non, je ne l'ai pas dit. Et il y a une bonne
raison pour que je ne l'aie pas dit, c'est que je ne comprends même
pas ce que c'est pour l'ordre public que d'être *étroitement* engagé
dans une loi.

Si cela signifie que certaines lois, à la différence des autres, sont
portées uniquement ou principalement ou immédiatement ou directement en vue du bien commun, non, je n'ai rien « avoué » de tel.
J'ai sans cesse affirmé et prouvé tout le contraire, à savoir que toutes
les lois, sans une seule exception, ont pour objet direct, immédiat
et unique le bien public.

Que toutes les lois ne soient pas de même importance pour le bien
public, oui, je l'ai dit et le redis. Mais j'ai assez montré que, contrairement à l'article 6, à l'enseignement de l'Ecole et à celui de
M. Lainé, les lois « auxquelles on ne peut pas déroger » ne sont pas
nécessairement les plus importantes ; qu'il y en a de capitales de

l'un et de l'autre genre, qu'on en trouve de part et d'autre dont
l'utilité est petite qu'il n'y a du reste absolument aucun intérêt
scientifique ni pratique à classer les lois par ordre d'importance.

Voilà pour « le droit interne ».

65. — En droit international privé aussi mon enseignement repro-
duirait tout simplement celui que j'attaque.

« De même que l'auteur n'a pas pu nier, en droit interne, que
« certaines lois sont essentiellement impératives ou prohibitives...»

J'interromps ici M. Lainé pour faire remarquer au lecteur :
1° Qu'il ne s'agissait pas du tout « en droit interne » de savoir si
certaines lois sont « essentiellement impératives ou prohibitives »
mais de savoir si certaines lois seules intéressent l'ordre public ;
2° Que ce que j'ai reconnu « en droit interne », c'est tout simplement
que les droits que nous donnent certaines lois sont inaliénables, et
non pas que « *certaines* lois sont essentiellement impératives ou
prohibitives ». *Toutes* les lois sont essentiellement impératives ou
prohibitives. La loi est un commandement. Un commandement ne
peut qu'ordonner ou défendre. Ce qui est vrai seulement, c'est que
certaines lois commandent purement et simplement et que d'autres
commandent *conditionnellement*.

M. Lainé ne s'applique pas assez à ne pas modifier, au cours de
la discussion, l'idée discutée.

66. — « De même, continue mon éminent contradicteur, il est
« bien obligé de reconnaître que, parmi les lois, les unes s'impo-
« sent aux Français seulement et s'inclinent pour les étrangers
« devant les lois étrangères, tandis que les autres y font échec. »

Voilà encore que l'objet réel de notre désaccord disparaît et
qu'une vérité incontestable lui est substituée. Il ne s'agit pas de
savoir, en droit international privé, si, parmi les lois, les unes s'inclinent devant les statuts personnels étrangers et les autres font
échec à ces statuts : Il s'agit de savoir si les soi-disant rénovateurs
de cette science ont le droit de réserver le nom de lois d'ordre public, avec ou sans épithète, aux lois de la seconde catégorie ; il
s'agit de savoir s'ils les désignent d'une façon intelligible en nous
disant que ce sont les lois d'ordre public absolu ou d'ordre public
international ; il s'agit de savoir quelles sont au juste les lois qui
ne cèdent pas la place aux lois personnelles étrangères.

67. — Eh ! sans doute, j'enseigne qu'il y a des lois qui font échec aux statuts personnels de l'étranger.

Mais est-ce que j'enseigne que ces lois sont, à l'exclusion des autres, ou plus immédiatement que les autres, motivées par le bien public ?

Est-ce que je n'affirme pas, au contraire, et ne démontre pas que l'ordre public réclame et dicte toutes les lois ? Mais que, seulement, il ne demande pas que toutes soient appliquées aux étrangers et demande même que certaines ne leur soient point applicables ?

Est-ce que je désigne les lois qui repoussent les statuts personnels étrangers par une formule contraire à la notion de la loi, obscure, inintelligible. qui, naturellement, ne les fait en rien connaître ?

Est-ce que je me déclare impuissant à les indiquer avec clarté et précision ? Est-ce que je renvoie ce soin aux mœurs et aux idées du jour ? Est-ce que je ne dis pas catégoriquement que ce sont, de par la volonté certaine et très sage du législateur, 1° toutes les lois qui ne sont pas elles-mêmes des statuts personnels, 2° ceux des statuts personnels qui intéressent les bonnes mœurs ?

68. — S'il en est ainsi, comment M. Lainé peut-il soutenir que mon enseignement ne diffère pas du sien ?

69. — Mon éminent contradicteur demande ironiquement si la distinction des lois qui intéressent la morale et des lois qui ne l'intéressent pas, distinction utilisée dans mon enseignement, est « plus précise et d'une application plus sûre » que la distinction entre les lois qui intéressent l'ordre public et celles qui ne l'intéressent pas ; et s'il est permis de supposer que parmi nos lois il en est « qui ne sont pas conformes à la morale et d'autres qui ne reposent pas sur la justice. »

Décidément M. Lainé possède au suprême degré l'art de déplacer les questions et de faire naître les équivoques. Les lois qui intéressent la morale deviennent, dans sa discussion, les lois qui *sont conformes* à la morale ; les lois qui n'intéressent pas la morale deviennent donc les lois qui sont contraires à la morale. Les lois qui sanctionnent un devoir de justice deviennent les lois qui reposent sur la justice, formule vague qui peut s'entendre dans le sens de

lois qui n'ont rien d'injuste et qui suppose d'autres lois qui viole-
raient la justice.

Une distinction entre les lois qui sont conformes à la morale et à
la justice et les lois qui sont contraires à la morale et à la justice
serait scientifiquement un non sens, car toutes les lois sont ou doivent être conformes à la morale et à la justice, en ce sens qu'elles ne
les violent pas ou ne doivent pas les violer.

70. — Mais par lois qui intéressent la morale, j'entends, avec tout
le monde, non pas les lois qui n'ont rien de contraire à la morale,
mais les lois qui ont pour objet de faire respecter la morale. Et par
lois qui intéressent la justice, j'entends les lois qui ont pour objet
de répéter et de sanctionner un devoir de justice préexistant, une
loi naturelle de justice.

Or, c'est indéniable, une foule de lois commandent des actes ou
des abstentions absolument étrangers aux bonnes mœurs et que la
justice naturelle ne réclame pas directement des sujets, des actes et
des abstentions qui ne sont réclamés directement que par la seule
utilité sociale, et qui ne sont obligatoires en conscience que quand
la loi positive en a proclamé l'opportunité et a enjoint de les accomplir.

Par exemple, la loi qui donne une hypothèque à la femme mariée
est étrangère aux bonnes mœurs, M. Lainé en conviendra.

Elle ne se superpose pas non plus à un devoir naturel de justice
de la part du mari. La justice exige de tout administrateur la loyauté
et la diligence, mais nullement des sûretés réelles.

Ce n'est ni au nom de la morale, ni au nom de la justice, c'est au
nom seulement de l'intérêt social que le législateur met, par ce
moyen, une grande partie des femmes mariées à l'abri de l'insolva-
bilité de leurs maris.

Donc la distinction entre les lois qui intéressent les bonnes mœurs
et la justice et celles qui ne les intéressent pas ne manque ni d'exac-
titude ni, par conséquent, de clarté. Tandis que la distinction entre
les lois qui intéressent l'ordre public et celles qui ne l'intéressent
pas n'a aucune réalité et par suite n'est qu'une ténébreuse mysti-
fication.

Arras. — Imprimerie Sueur-Charruey, rue des Balances, 10.

OUVRAGES DU MÊME AUTEUR

ÉTUDE SUR L'ERREUR, vol. in-8°, Paris, Cotillon, 1871 . . . . 5 fr. »

L'HYPOTHÈQUE JUDICIAIRE, SON PASSÉ, SON PRÉSENT, SON AVENIR, ouvrage couronné par l'Académie de législation de Toulouse, Paris, Cotillon, 1872 . . . . 5 fr. »

LEÇON D'OUVERTURE DU COURS DE DROIT COMMERCIAL, broch. in-8°, Poitiers, Oudin, 1874 . . . . 0 fr. 75

LES PRINCIPES FONDAMENTAUX DU DROIT (La loi, définition, formation, division. — Lois naturelles. — Lois positives divines. — Lois ecclésiastiques. — Lois civiles. — La Société civile. — Son origine. — Erreurs sur l'origine de la Société civile : Le contrat civil selon Rousseau, — selon Hobbes, — selon les théologiens scolastiques ; — l'Organisme social ; — le Patriarcat ; — Systèmes divers. — Le Pouvoir. — Son origine. — Ses formes. — Division du Pouvoir et séparation des pouvoirs. — Le droit de révolte. — Erreurs sur le Pouvoir : la Souveraineté inaliénable du peuple ; — La Souveraineté aliénable du peuple ; — Le droit divin ; — l'École historique ; — (Systèmes divers) vol. in 8°, Paris, Guillaumin et Pichon, 1889 . . . . 8 fr. 50

LE CONTRAT D'ASSOCIATION ou les associations non reconnues peuvent-elles posséder ? Etude de droit civil, vol. in-8°, Paris, Pichon, 1893. 3 fr. 50

LE DROIT DE POSSÉDER DES ASSOCIATIONS NON RECONNUES, réponse à M. Beudant, brochure in-8°, Paris, Pichon, 1895 . . . . 1 fr. »

LE PROJET DE LOI CONTRE LA LIBERTÉ D'ASSOCIATION (projet Freycinet), broch. in-8°, Paris, Pichon, 1894 . . . . 1 fr. »

LA PROMULGATION ET LA PUBLICATION DES LOIS, brochure in-8°, Paris, Pichon, 1895 . . . . 1 fr. 50

UNE THÉORIE NOUVELLE SUR LA RÉTROACTIVITÉ DES LOIS, broch. in-8°, Paris, Pichon, 1894 . . . . 1 fr. »

L'IMPOT SUR LE REVENU DES CONGRÉGATIONS ET AUTRES ASSOCIATIONS, broch. in-8°, Lille, Ducoulombier, 1890 . . . . *épuisé*

LE DROIT D'ACCROISSEMENT, broch. in-8°, Paris, Pichon, 1891 . . . . . 2 fr. »

ÉTUDES SUR LE DROIT D'ASSOCIATION, parues dans la *Revue de Lille* 1889-90.

LA SYNTHÈSE DU DROIT INTERNATIONAL PRIVÉ, ouvrage couronné par l'Académie des sciences morales et politiques, 2 vol. in-8°, Paris, Pichon, 1897 . . . . 16 fr. »

DES LOIS D'ORDRE PUBLIC ET DE LA DÉROGATION AUX LOIS, broch. in-8°, Paris, Pichon, 1899 . . . . 3 fr. »

LA QUINTESSENCE DU DROIT INTERNATIONAL PRIVÉ, broch. in-8°, Paris, Pichon, 1900 . . . . 1 fr. 50

LES PERSONNES MORALES, ouvrage qui a obtenu le premier rang et une récompense de deux mille francs dans le concours ouvert par l'Académie des sciences morales et politiques (1900), mis en rapport dans ses dernières parties avec la loi du 1ᵉʳ juillet 1901 sur le contrat d'association ; un fort vol. in-8°, Paris, Pichon, 1902 . . . . 10 fr. »

UN CONFLIT SUR LES CONFLITS, réponse à M. Lainé, parue dans la *Revue critique*, années 1900, 1901, 1902.

UN SEDAN JURIDIQUE, étude sur le conflit des lois successorales, broch. in-8°, Paris, Pichon, 1902 . . . . 1 fr. »

DISCOURS ET RAPPORTS, 2 vol. Lille, Lefort . . . . *épuisé*

Arras. — Imp. SUEUR-CHARRUEY, rue des Balances, 10.

9 782019 661069